Daniel NSEMBANI Diafwila

# Sueur aimée de Dieu

Daniel NSEMBANI Diafwila

# Sueur aimée de Dieu

## Pour que votre travail soit votre prière et que votre prière soit votre travail

Éditions Croix du Salut

**Imprint**



Cover image: www.ingimage.com

Publisher:
Éditions Croix du Salut
is a trademark of
Dodo Books Indian Ocean Ltd. and OmniScriptum S.R.L publishing group

120 High Road, East Finchley, London, N2 9ED, United Kingdom
Str. Armeneasca 28/1, office 1, Chisinau MD-2012, Republic of Moldova, Europe
Printed at: see last page
**ISBN: 978-620-6-16758-7**

# PREAMBULE

Des années déjà que ce sujet se répète dans le cadre du guide biblique de la 23e Communauté Evangélique du Congo : « Tu *mangeras* [1] *ton pain à la sueur de ton visage.* » Et chaque année, l'église y revient dans le cadre de la semaine de développement communautaire, même quand la formulation du sujet change légèrement.

Nous nous sommes sentis obligé de mettre par écrit nos différentes exhortations relatives à la question. D'une part par souci de participer durablement à la réflexion, de l'autre pour susciter la nécessaire permanence de la question de développement dans le chef de qui lira ces lignes. Nous entendons par là pousser à l'action, non à une réflexion saisonnière, enthousiaste, mais qui hélas, ne traduit pas la foi de nos auditeurs en acte, le bruit du discours s'émoussant avec le temps pour attendre la saison prochaine.

Ces lignes, nous ne les avons pas écrites pour le savant, mais pour l'homme simple, celui qui, par des mots simples, pourra comprendre les notions simples, et qui voudra accepter de construire son avenir socio-économique à partir d'ingrédients élémentaires.

Nous fixons un objectif à cet exercice : faire réfléchir pour agir dans un contexte de vision positive de soi, de responsabilité quant à notre identité d'être créé à l'image de Dieu pour participer à l'œuvre divine en soi-même et dans la communauté tant ecclésiale que sociale.

Ce livre a un contexte originel : la RDC et son misérable état. On pourra actualiser.

Sauf indication contraire, le texte biblique repris dans ce livre suit la version Segond 21.

L'auteur

[1] Dans les guides 2019,2020, on parle de « gagneras ». Nous avons préféré la traduction de la plupart de versions.

# INTRODUCTION GENERALE

« *Tu mangeras ton pain à la sueur de ton visage.* » (Gn 3, 19)

Cet arrêt du créateur a dans plusieurs esprits encore une sensation de punition. Peut-être parce qu'il est prononcé sur une humanité déchue.

Peut-être ! Pourtant la Bible ne l'enseigne pas tant. Voyons plutôt : « *L'Eternel Dieu prit l'homme et le plaça dans le jardin d'Eden pour qu'il le cultive et le garde.* » (Gn 2, 15) En effet, avant la chute même, le travail (c'est de cela qu'il est question par la métaphore de « sueur de son front ») est de la responsabilité de l'homme au jardin.

Pourra-t-on par la suite dire qu'après la chute de l'humanité le travail soit devenu plus pénible que ça ? C'est sûr. D'une part, la terre est maudite par la suite du péché originel. D'autre part, l'impact du travail de pécheur sur la terre rend celle-ci encore plus malheureuse. Les effets de l'activité humaine sur le climat, le sol et l'environnement en général ont produit de nos jours des effets auxquels l'homme d'il y a cinq siècles n'avait peut-être pas pensé : la terre s'appauvrit, la biodiversité est en mal, le climat, lui, indomptable. La conséquence la plus visible, c'est la pauvreté et sa sœur, la misère.

A cause de la pauvreté, il est devenu de toute urgence nécessaire de mobiliser pour trouver les moyens de survie, la pourriture prenant de plus en plus de la place. Le ciel, en effet, nous y serons par l'œuvre pleinement accomplie par Jésus-Christ. Mais le pain, nous n'y toucherons que par la sueur de notre front.

Le travail, c'est une bénédiction, même si c'est dans un contexte de malédiction générale qu'il devra nous servir. Ecoutons la consolation : « *Ceux qui sèment avec larmes moissonnent dans la joie, celui qui marche en pleurant avec un sac de semence reviendra avec joie en portant des gerbes.* » (Ps 126,5) Le travail, c'est même une des lois de la nature. Dieu le redit après la destruction du monde de

Noé : « *Tant que la terre subsistera, les semailles et la moisson, le froid et la chaleur, l'été et l'hiver, le jour et la nuit ne cesseront pas.* » (Gn 8,22)

Dans ce livre, sans nous fourvoyer dans des définitions élastiques, nous essayerons de comprendre deux concepts : la pauvreté et le développement. Nous répondrons ensuite à deux questions qui nous préoccuperont : pourquoi travailler et comment le faire. Nous mettrons après en relief quelques principes à tenir à l'œil dans notre travail. Enfin, ce sera le développement socio-économique de l'église qui retiendra notre attention. Une conclusion mettra un terme à cet exercice.

# 1. LA PAUVRETE–LE DEVELOPPEMENT

## 1.1 LA PAUVRETE

C'est à la mode : « lutte contre la pauvreté », « réduction de la pauvreté », etc. La meilleure périphrase, c'est surement à venir. La réalité, elle, semble ne pas bouger, sinon dans le sens de mal en pis. Les efforts des hommes, et des institutions ne manquent pas, mais nous avons encore assez à faire. Ces années-ci, la maladie à coronavirus est venue assommer des espérances, surtout dans des communautés peu résilientes.

### 1.1.1 Définition

C'est superflu de définir un concept vécu dans notre contexte presqu'au quotidien pour la plupart. Mais pour coller un nom à la réalité, nous trouvons ici quelques termes simples.

a) Manque des choses nécessaires à la vie

L'être humain, c'est d'abord des besoins primaires, élémentaires. Abri, habit, pain, santé. Tout manque.

Ces choses ne manquent pas parce qu'elles ne se retrouvent pas dans notre environnement. C'est plutôt et surtout pour d'autres raisons. On pourra y revenir.

b) Mauvaise qualité des choses nécessaires à la vie

Ces choses existent, mais c'est la qualité qui fait problème. Le pain et les autres choses sont de mauvaise qualité : c'est la malnutrition, ou la mauvaise vie en général.

c) Insignifiance des choses nécessaires à la vie

La maison existe, mais de taille disproportionnée au monde qu'elle doit abriter. D'où une promiscuité fétide, entrainant encore plus de problème de santé que si l'on s'abritait sous le manguier ou dans une grotte. Le pain insuffisant, l'éducation insuffisante et inadéquate, etc.

La qualité et la quantité se rencontrent souvent dans la pauvreté.

### 1.1.2 Causes de la pauvreté

#### a) Le péché

Cela fera rire le critique. Pourtant, il est clair que le point de départ de toutes les ruptures des états essentiels à la vie épanouie sur terre, c'est la déchéance de notre race. Voilà le facteur de déclanchement. Il a entrainé l'abandon de Dieu et de son mode d'emploi du monde créé, confondant les buts et les moyens, incapables de revenir par soi-même sur les meilleures dispositions tant de cœur que d'esprit pour une vie partagée et heureuse. La détérioration de la terre comme habitat de l'homme à cause de l'activité entêtée et inconsciente de l'homme, nous l'évoquions ci-haut, a fait encore plus de pauvres, et une minorité de riches, plus de violents, plus de destruction, plus d'égoïsme, d'impuissance, en somme plus de pauvreté.

Et dans ces conditions, le monde ressemble toujours à cette mer agitée (Mc 4,35ss). Heureusement ! Comme pour le cas de la tempête en mer, Jésus-Christ a imposé le silence. Voyons : « *...Dieu était en Christ : il réconciliait le monde avec lui-même en ne chargeant pas les hommes de leurs fautes...* » (2 Co 5,19)

Nous avons besoin de Dieu pour tirer notre épingle du jeu dans ce monde déchu. La réconciliation nous donnera une juste perception de nous-mêmes et de l'autre, du cadre dans lequel nous sommes, des opportunités. Savez-vous ? « *...Il (Dieu) distribue de merveilleux conseils et augmente les capacités de discernement.* » (Es 28,29).

Toutes les autres causes sont comme la conséquence de la première.

**b)** La paresse

C'est un des penchants funestes contre lesquels l'homme doit lutter.[2] Elle vacille entre l'inaction et la lâcheté de la main.

Le paresseux trouve toutes les raisons de sa baliverne : « *...il y a un lion dehors...* » (Pr.22,13) ; « *...C'est pénible...* » (Pr.26,15) ; « *...Le sommeil est doux... ; le repos, essentiel.* » (Pr.6,9-10) ; « *Le paresseux se croit plus sage que sept hommes qui répondent avec discernement.* » (Pr.26,16)

Et le résultat, c'est la pauvreté (Pr.10,4). La vie, c'est à la merci des autres (Pr.12,24). Ses désirs vont le tuer (Pr.21,25), incapable de satisfaire même ses besoins les plus légitimes.

La paresse prend plusieurs formes :

- L'inaction pure et simple, pour une raison ou une autre ;
- La mollesse de sa main ;
- La remise à demain, et toujours à plus tard de ce qu'on devrait faire en son temps ;
- La jouissance à fond des loisirs et plaisirs de la vie ;
- Les célèbres huit heures au travail, non de travail, partagées entre politique, réseaux sociaux, etc.

**c)** L'insuffisance de l'instruction et/ou son inadéquation

Le propre de la personne insuffisamment et/ou mal instruite, c'est de prendre l'habitude de sa situation. Plus rien ne le dérange. C'est la résignation. Elle se croira être faite pour vivre telle vie de pauvreté. C'est son lot. Le changement, elle

[22] J.-J. NGOY Muaka, *La sagesse au proche orient ancien...*, Etudes congolaises, 2008, p232.

aura toutes les difficultés du monde pour y croire. Elle vit dans la caverne des traditions nuisibles à son bien-être même, et à celui de sa communauté.

Le niveau d'instruction influe sur la vision du monde. Cette dernière détermine le comportement de l'homme, de même sa façon d'interagir sur l'environnement.

**d)** La mauvaise gouvernance, la mauvaise redistribution des ressources

Aucun pays du monde n'est si pauvre que ça. Le problème de pauvreté, c'est souvent la mauvaise gouvernance doublée de la méchante redistribution des ressources nationales. Sinon on ne comprendra jamais pourquoi une minorité s'enrichit follement quand l'écrasante majorité est démunie, exploitée. C'est le sous-développement. Et nos pays, où le politique passe loin devant l'économique, donnent malheureusement le pire exemple en se servant au lieu de servir la population pour laquelle pourtant il a reçu mandat. Les salaires, pour ne prendre que cet indicateur, pour ceux qui ont eu un emploi salarié, ne peuvent pas être comparés raisonnablement…

**e)** La pauvreté

La pauvreté engendre encore plus de pauvreté. C'est le cercle vicieux : pauvreté des infrastructures, insuffisance des budgets d'investissement, des moyens de production, de la production elle-même ; défaut de la solidarité nationale, absence des mécanismes de promotion individuelle et collective…Le résultat, c'est l'extrême pauvreté avec son cortège d'humiliations, de basses rancunes, de dépravations, etc.

### 1.1.3 Formes et caractéristiques de la pauvreté[3]

Pour donner une réponse adéquate à la pauvreté, nous avons besoin de comprendre ses formes et caractéristiques.

[3] WV RDC, *Empowered Worldview*, texte inédit, 2020, pp17-18.

La pauvreté peut être :

- **Matérielle**. Elle concerne les choses dont on a besoin ;
- **Physique**. Elle touche la personne, son intégrité. Un handicap peut entrainer cette pauvreté, mais pas toujours ;
- **Spirituelle**. Elle vient du fait de relation brisée avec le créateur, et de l'ignorance de son plan pour le salut holistique de l'homme seul et de son groupe. Elle ne doit pas être confondue avec la béatitude enseignée par Christ, qui, elle, est une disposition volontaire de dépendance vis-à-vis du Créateur.

La pauvreté matérielle et physique fait vivre des jours difficiles sur la terre. La spirituelle, elle, tue l'âme et l'esprit et les plongera dans une éternité de tourments.

Notons ci-après quelques caractéristiques de la pauvreté :

- Le manque d'atouts, de force, d'éducation, d'influence socio-économique, de réserve, de choix ;
- La brisure de relations harmonieuses tant avec Dieu qu'avec son prochain, et l'environnement ;
- L'exploitation de l'homme par l'homme, le pauvre étant facile à contraindre.

La pauvreté ainsi que son chemin compris, nous pouvons donner quelque éclairage sur la notion de développement.

## 1.2 LE DEVELOPPEMENT

Disons d'emblée que nous allons d'une extrémité à l'autre du même chemin. La pauvreté a pour opposer la richesse ou le développement.

### 1.2.1 Définition et économie de la définition

Le plus simple, c'est de dire que le développement est le résultat satisfaisant de **la croissance économique.**

Le terme « croissance » a pour nous la valeur du chemin parcouru dans le sens de l'amélioration des conditions générales de vie, partant de la pauvreté qui est la règle générale.

Cela appelle à avoir une perception juste du développement :

- **Une action**, un effort conscient et constant de l'homme qui change ses possibilités de vie, celles de sa communauté, tant les pesanteurs sont fortes ;
- **Le résultat de l'action** entreprise par l'homme qui lutte contre son avilissement, ou contre les forces de la nature. Dieu a fait descendre le feu du ciel, et l'homme l'a domestiqué. Le fleuve Congo coule sur rapides et chutes entre Kinshasa et Matadi ; nous, nous chantons ces merveilles.

Notons que sans cette action de l'homme, le développement ne viendra jamais au rendez-vous. Répétons-le : le développement est un processus exceptionnel. Ce qui est normal, c'est le sous-développement, la pauvreté.

Rappelons que l'homme est un être économique : il a des besoins illimités qu'il tâchera à satisfaire avec les ressources rares en trouvant la meilleure allocation. C'est dans ce processus de gestion des ressources et de leur affectation que réside le développement. Un verre d'arachides. Nous avons le choix entre le semer et d'en faire une pate !

### 1.2.2 Le chemin du développement

Le développement dont nous parlons ici concerne l'individu, et de part en part la communauté entière. Comment y arriver ?

Il existe sur le plan économique des modèles et des théories de développement. L'élite en la matière joue même avec les dernières trouvailles. Mais le chemin du développement n'est pas facile, sinon il serait à la portée de tous. C'est clair au moins, il commence par une action et finit par un résultat.

L'action de l'homme sur les ressources dont il dispose, c'est le travail. « C'est le fonds qui manque le moins », comme avait immortalisé J. de la Fontaine.

Il parait toujours simpliste tant tout le monde travaille. Là où c'est dur, c'est lorsqu'on se fixera les bonnes raisons de travailler, et qu'on le fera avec la manière. C'est la bonne guerre !

# 2. POURQUOI ET COMMENT TRAVAILLER ?

## 2.1 Pourquoi travailler ?

Les raisons qui poussent au travail sont nombreuses. Nous n'en retenons qu'une ici, avec plusieurs implications : **travailler, un ordre du Seigneur.**

Nous évoquions déjà le fait que, placé dans le jardin, Dieu a ordonné aux humains que le travail soit fait. (Gn 2,15)

Ici commence l'histoire de l'humanité. Dieu prend l'homme qu'il venait de créer, et le place dans le jardin. Répétons expressément : « *L'Eternel Dieu prit l'homme et le plaça dans le jardin d'Eden pour le cultiver et le garder.* »

Faisons remarquer deux activités assignées à l'homme, deux formes de travail : cultiver le jardin et le garder.

### 2.1.1 Cultiver le jardin

Comme le travail est la condition de tout développement, Dieu donne à l'homme de participer à ce travail de développement. Rien n'est servitude dans l'esprit du commandeur : le jardinier doit exercer au milieu de ses plantations.

Il est vrai qu'au départ, c'est un ordre de Dieu. Mais il est aussi intéressant de noter les avantages de ce travail de la part de l'homme :

a) <u>Le travail donne les moyens de subsistance</u>

Il a hérité du jardin, c'est merveilleux ! Assez pour lui de satisfaire ses besoins primaires : nourritures (Gn 2,9,16), abri (Gn 2,8), habits mêmes (Gn 3,7).

On peut penser facilement que ce premier homme vit de la cueillette. Même là, rien ne lui tombait sur la tête : il fallait sa part pour manger. Et lorsqu'il s'agit de coudre ses premiers vêtements, pour sûr un peu plus de créativité.

Avec le temps, les arbres vieilliraient. De la mauvaise herbe pousserait. L'homme créé à l'image de Dieu devrait faire quelque chose pour que cet Eden continue à lui offrir ce dont il avait besoin.

Le travail donne à l'homme de tous les temps ce dont il a besoin. Ces besoins évoluent, mais la recette est toujours la même : travailler. A défaut, c'est la misère. La RDC dispose des ressources halieutiques énormes, jusqu'au lac le plus poissonneux du monde. Mais « nos » poissons ne sauteraient pas d'eux-mêmes des eaux pour garnir nos plats. Notre ville même pourrait être bâtie sur des réserves d'or, nos maisons ne brilleront pas pour autant de beauté sans nous ; nos enfants ne seraient pas protégés du Kwashiorkor si l'or n'est pas travaillé. On dira de même de nos terres fertiles, de nos forêts à multiples essences, bref de notre environnement paradisiaque si notre travail ne nous procure pas ce dont nous avons besoin.

Répétons-nous encore : le salut est gratuit, le pain nous coûte la sueur. Tout travail procure le pain (Pr 12,23).

### b) Le travail assure l'indépendance

Une des formes de la pauvreté, avions-nous dit, c'est la dépendance ; d'où la faiblesse d'influence et le risque accru d'assujettissement facile.

C'est honteux de vivre une vie de dépendance. On sent l'humiliation. Seul le travail nous rend digne de respect. L'apôtre des nations avait écrit : « *...nous vous encourageons, frères et sœurs, à progresser encore, à vous efforcer de vivre en paix, à vous occuper de vos propres affaires et à travailler de vos mains, comme nous l'avons recommandé. Ainsi votre conduite sera honorable aux yeux des gens de l'extérieur et vous ne serez dépendants de personne.* » (1 Thes 4,10-12)

Remarquons que Paul exhortait sur l'amour fraternel. Connaissant, certainement, la promiscuité qui menace la paix entre frères quand la pauvreté règne, il anticipait: … que chacun travaille de ses mains.

On sait tout le mal que ça fait de dépendre d'un autre. On est maudit, et on croit recevoir tout ce qu'on demande. On soupçonne tout dans le cas contraire.

Le travail nous permet de ne dépendre de personne.

Par ailleurs, le sage d'Israël avait averti : « *…la sagesse du pauvre est méprisée et ses paroles ne sont pas écoutées.*» (Eccl 9,16) Les exemples sont légion dans notre quotidien pour attester cette vérité. Le pauvre, on s'en moque. C'est vrai sur toute la ligne. Il n'y a aucun honneur à tendre la main pour demander.

Quelqu'un avait dit, non sans raison : « *Nous ne pourrons pas devenir réellement efficaces dans le témoignage si les autres ne nous respectent pas* ». Aussi à cause de notre pauvreté. Nous avons essayé un jour de demander aux paroissiens ce qu'ils pensaient d'un pasteur qui manque trop et qui demande intempestivement. C'est honteux de dire ici quels qualificatifs lui sont collés.

Loin de nous de décharger l'Eglise quant à son devoir de prise en charge de ses serviteurs. Ils travaillent à l'autel, ils mangeront à l'autel. Et quand il manque à l'autel… L'histoire même d'Israël montre que le travail des consacrés pour le sacerdoce a toujours souffert quand la pauvreté avait pris en tenaille les serviteurs.

Le témoignage est entamé. Y a-t-il meilleur argument pour critiquer les serviteurs de l'Eglise lorsqu'on n'est pas assez dépendant des membres ? C'est spécieux ! L'apôtre Paul qui tenait à être efficace dans son ministère affirmait : *« Et nous n'avons mangé gratuitement le pain de personne ; au contraire, nuit et jour, dans la fatigue et dans la peine, nous avons travaillé pour n'être à la charge d'aucun de vous* ». (2Thes3,8)

C'est sûr qu'il ne faut pas serrer les mots pour penser que Paul n'avait besoin d'aucune aide. Ses propres lettres contiennent assez d'évidences. Son intention est de ne donner à personne l'occasion de saper son ouvrage, ni lui-même, ni l'œuvre de Christ au travers de lui.

c) <u>Le travail vous donne les moyens de servir</u>

Servir ceux qui sont dans le besoin, servir l'Eglise par ses biens font partie des rudiments de la foi chrétienne. Et les occasions seront toujours là présentes et pressentes.

Que ferez-vous sans ressources à partager ? Et ce principe s'impose à tous comme une loi intangible : « *Donnez et il vous sera donné…* » (Luc6,38) On fait une avance à la terre, on récoltera le moment venu. Sinon, on est étranger à la saison.

Aucune bénédiction pour qui ne donne pas. Nous sommes souvent complaisants lorsque, priant pour les offrandes dans nos cultes, nous demandons la bénédiction aussi pour celui qui n'a rien donné. Nous ne voulons pas blesser les sensibilités. Pourtant seule la main qui donne sera bénie.

Le travail nous donnera quoi mettre dans la main de plus pauvre que nous, mieux de celui qui dans l'instant vit dans la nécessité. Sinon, on passe loin de celui qui a droit à l'aide.

Rappelons ces paroles rapportées par Luc : « *En tout, je vous ai montré qu'il faut travailler ainsi pour soutenir les faibles et se rappeler les paroles du Seigneur Jésus, puisqu'il a lui-même dit : 'il y a plus de bonheur à donner qu'à recevoir'* ». (Actes 20,35)

Celui qui ne travaille pas n'aura rien à partager. A l'église, tous les appels à contribution achopperont sur lui, ou qu'il se vaccinera contre de telles annonces. Quand il se sentira découvert, l'abandon de l'assemblée sera envisagé. Devant la misère des autres, l'apathie fermera son cœur à toute compassion. Et on ne recevra pas ce qu'on n'a pas donné. On discutera même la vérité de l'Evangile : quelle joie à donner ?

### 2.1.2 Travailler pour garder le jardin

Le premier aspect du travail de l'homme au jardin, *cultiver*, est, osions-nous dire, une nette bénédiction. Il donne à l'homme les moyens de sa survie. Un don. Un droit. C'est le côté lucratif du travail.

Le second, *garder* le jardin, est de la responsabilité de l'homme. C'est un devoir. En d'autres termes, l'homme qui a reçu du jardin le droit d'en manger les fruits, a aussi l'obligation de le garder. Ici le côté éthique du travail.

Garder a le sens de protéger contre les forces de la nature et de l'activité abusive de l'homme, aussi d'entretenir. Ce sens devrait être évident même à l'époque de premiers hommes. De nos jours, c'est encore plus compréhensible : le monde a besoin, par exemple, d'être protégé des dinosaures, c'est-à-dire cette avarice des loups du soir, incapables de laisser pour le lendemain. Notre monde actuel souffre de cela. Les ressources sont surexploitées sans penser aux générations futures, sans se soucier de l'équilibre du cosmos. Le monde a besoin d'être gardé du feu de brousse, des érosions, de la pollution des eaux et de l'atmosphère, etc.

Nous pensons à la zaïrianisation des années soixante-dix. Des belles plantations ont été confiées à des hommes qui les ont exploitées dans le seul but de s'en nourrir. Les entretenir, ils étaient incapables d'y penser. Les patrons y allaient et cueillaient ce qui était mûr. Entretemps la mauvaise herbe poussait, et finalement la forêt reprit ses droits ; les belles plantations devenaient de la broussaille. Nombreux n'ont vu dans leur travail que le moyen de survivre. Le profit pour eux. Le Ministre ne voit dans son ministère que les gracieuses occasions de s'enrichir. La responsabilité de rendre à ses compatriotes les soins de santé appropriés, il n'y a jamais cru. C'est un exemple. Et la grande pauvreté de masses vient aussi de cela.

Le monde, quoique merveilleux, a besoin d'être gardé, entretenu, embelli. Notre travail, c'est pour vivre, mais pas seulement. C'est aussi pour rendre la vie des uns et des autres encore plus vivable, de même de l'habitat qui nous abrite. Le premier aspect est en équilibre avec le second. A défaut, notre travail n'est pas une bénédiction. Et des comptes devant le créateur, nous les rendrons. Profiter du monde créé par Dieu ne doit pas nous fermer les yeux sur notre responsabilité de l'entretenir, de le garder, de le protéger. Sinon, ce sera de mauvais profiteurs. Il ne doit pas être de notre âge celui qui avait conclu : *les biens mal acquis ne profitent pas*.

Dans notre ville, ce mal est connu de tous : demi-terrain. C'est-à-dire que le même trajet pris à moto, voiture ou bus coûte différents prix aux usagers selon l'heure de la journée, l'affluence, ou simplement suivant que l'on prend tel sens ou son contraire : 500 francs à 6 heures, 1000,1500 ou 2000 à 8 heures, à midi, le soir, la nuit, etc.

Un vieux monsieur, dans sa résignation, nous faisait un jour réfléchir : « *les chauffeurs pensent nous retirer tout ce qu'ils veulent parce que nous sommes pris dans un besoin urgent. Ils ne soupçonnent pas que ce qui se gagne si facilement et malhonnêtement ne pourra leur profiter* ».

Travaillons pour garder le jardin. Et ce monde pourra devenir ce beau jardin d'Eden, ou que dans ce monde nous vivrons comme en Eden.

### 2.2 Comment travailler ?

C'est une chose que de travailler, c'en est une autre que de le faire comme il se doit. Tout travail enrichit. Sans contester cette parole de sagesse, nous pensons qu'il est clair que seul celui qui est fait avec manière est source véritablement de profit.

Le travail est un art. Comme tel, beauté et laideur, suffisance et insignifiance, etc. s'en mêlent.

Maintenant, avant de passer à la question proprement dite, nous voulons répondre à la question « quoi faire ? ». Ceci est important par le temps de grande crise nationale (et même internationale) que nous traversons : pas de vacances de postes, pas d'embauches, chômage chronique de masses, le bout du tunnel loin d'être perçu. Pour le sage d'Israël : « *Tout travail procure le profit…* » (Pr14,23-24) Tout ! Sauf, bien entendu, celui de voler la sueur des autres.

Beaucoup d'entre nous ne sortirons pas de la pauvreté parce qu'ils pensent ne rien trouver à faire. Non ! Tout ce que l'homme trouve à faire devrait être considéré comme une occasion de travailler. Le problème qui resterait, ce sera celui de la manière. La faute, partagée par les institutions scolaires dans nos pays pauvres, c'est de déformer les apprenants en leur faisant miroiter un bonheur improbable, en tous cas à la plupart : occuper tel ou tel autre poste dans l'entreprise, dans l'administration publique, etc. Et l'homme à l'esprit carré ne verra plus rien à côté. Dans nos pays où plus de quatre-vingt pour cent de la population vit en milieu rural, la pauvreté allait-elle avoir une telle ampleur si nos terres, première ressource mise à la disposition de l'humain, étaient mises en valeur, et le travail de la terre encouragé ? Pour punir Etienne TSHISEKEDI, il fallait le renvoyer cultiver du maïs sur ses terres du Kassaï ! On s'en souvient. A côté de nos terres, plusieurs autres services peuvent être imaginés et rendus.

Fermons les yeux à tous ces emplois élaborés, nous verrons près de nous une foule des possibilités qui peuvent nous intéresser et nous rendre utiles. On ne sera pas de sottes gens. L'inventeur de Facebook a fait un voyage intérieur avant de proposer au monde ce formidable moyen de communication ! Qu'est-ce que tu es capable de faire dans ta vie à côté de l'option rêvée ?

Revenons à notre question principale : comment travailler ? Pour y répondre, nous proposons ci-après quelques conseils pratiques qui, s'ils sont pris en compte, donneront de la valeur à tout ce que nous pouvons trouver à faire.

### 2.2.1 Travailler avec art

Bien faire son travail. C'est la règle d'or. Personne en réalité ne serait satisfait d'un travail mal fait, comme d'un ouvrage médiocre.

Nous sommes fils d'un menuisier, d'un charpentier. Qui sera content d'un meuble fait de bois méchant, qui coince, ou d'une toiture qui suinte obligeant petits et grands à se réveiller quand il pleut ? On peut aller ailleurs : un opérateur de saisie qui place dans votre signataire un document plein de fautes de tous genres. Que pensez-vous d'un médecin qui a laissé votre sœur avec de graves dégâts après son intervention chirurgicale ? Quelle joie ? Et si vous pouvez choisir, reviendrez-vous sur une telle entreprise prochainement ? Sans complexe, non !

Un travail mal fait est toujours un drame. Un tel est surement une source de pauvreté : la clientèle s'effritera, disparaitra. Et la mauvaise publicité fera son œuvre. Les sorciers passeront à la barre injustement.

Il existe plusieurs raisons qui peuvent conduire au travail mal fait. Parlons de trois ici : la mauvaise école, l'inconscience, la négligence.

a) La mauvaise école

Nous sommes malheureusement dans un contexte où l'école n'est plus en mesure d'offrir à l'élève les conditions maximales d'apprentissage. Les raisons, nous ne voulons pas les évoquer ici… On paie, on passe. A peine nous comprenons que la pourriture nous atteindra aussi, ou finalement. Cette situation affecte tous les niveaux d'enseignement. Après le cursus, les acquis peuvent ressembler à du temps perdu. L'apprenant doit forcer sa vigilance pour ne pas tomber dans cette impasse.

Par ailleurs, on pose régulièrement la question d'inadéquation de la formation et des besoins du marché. On forme des personnes qui ne seront pas recherchées par le marché. Là où on prend quand même, il faut assurer une formation continue.

b) L'inconscience

C'est le lot de celui qui ne se sent pas obligé de bien faire son travail. Certains se diront démotivés ; d'autres, à défaut de culture de travail bien fait. Ils se sentent être meilleurs, sans jamais oser passer la parole aux bénéficiaires de leurs prestations pour jauger leur niveau de satisfaction. Ils ne sont pas conscients d'exigence de qualité associée à tout travail.

c) La négligence

Par négligence, on apporte peu de soin, d'exactitude à son travail.

Parlons d'une forme particulière de négligence qui consiste à ne pas respecter les délais. Les techniciens (menuisier, maçon, couturier…) passent pour des maitres ici. L'artiste LUAMBO Makiadi avait immortalisé ce vice dans une de ses chansons. Peu de gens pensent au chemin à faire en eux-mêmes pour se guérir de ce mal.

Le fils du menuisier se souvient de commandes faites à son père, et qui ont fini par des disputes parce que tel délais et tel autre n'ont pu être tenus. Les autres commandes attendaient, ou ne venaient plus.

Une de nos sœurs se mariait. Pour la circonstance, nous avions déposé un tissu chez un couturier pour un pantalon. Les rendez-vous n'étaient pas respectés. La fête est passée. Jusqu'à six mois après, le couturier, pourtant d'une très bonne main, n'avait pas livré notre pantalon. Les explications, il n'en manquait pas… Quand nous fûmes au point de ne plus supporter, nous exigions notre pantalon à l'état où il se trouverait. La colère brûlait en nous. Et quand il céda, voilà tout en pièces qui n'attendait que d'être montées. Que manquait-il, mon couturier ? Le temps, il en avait assez jusqu'à donner de longues heures au jeu de dame. Notre décision était prise : plus jamais ce couturier-là !

Chacun se souviendra de tels cas. Que ce soit par mauvais apprentissage, par négligence ou par inconscience, ou même par n'importe quelle autre raison non évoquée ici, tout travail mal fait entraine de la pauvreté, surtout dans la durée. Un champ doit être bien fait. Sinon, c'est de la peine perdue.

Faisons bien ce que nous avons trouvé à faire. Ceci est vrai pour tous les domaines d'activités. La bénédiction, c'est dans la manière de travailler, non dans le travail lui-même. Il n'y a aucune honte à être cordonnier. Seulement le faire artistement, et on se fait parler de soi !

### 2.2.2 Travailler avec labeur

Aucun travail n'est un jeu d'enfants, une partie de plaisir. Même la comédie la plus ludique qui pourrait nous extasier de rire doit être sortie d'un processus laborieux. Le monsieur confortablement assis dans son bureau climatisé ne manquera pas de labeur pour être efficace.

Travailler beaucoup, y mettre amour et efforts, voilà le labeur. Rien n'est facile. C'est pénible.

Le point de départ, c'est l'amour qu'on doit avoir de son travail. Cela ne suffit pas pourtant. On peut aimer son travail, surtout son côté lucratif et donner l'impression d'être mal à l'aise quant au labeur. On reste jusqu'à des heures tardives dans son bureau, mais pour des futilités.

A son amour, on ajoutera la vision qu'on a de son travail, c'est-à-dire ce qui vous poussera à quitter tôt votre lit, ce pourquoi vous vivez. Sans vision claire de son travail, on ne comprendra pas son aspect douleur, effort et sueur. La bonne compréhension du côté éthique du travail sera un atout.

Le travail appelle des efforts, de la peine, de la fatigue, etc. Le contraire, c'est la paresse, la mollesse. Nous l'évoquions déjà comme cause de pauvreté. Le sage nous renvoyait à l'école de la fourmi :

> « *Va vers la fourmi, paresseux ! Observe son comportement et devient sage : elle n'a ni chef, ni inspecteur, ni supérieur ; en été elle prépare sa nourriture, pendant la moisson, elle récolte de quoi manger. Paresseux, jusqu'à quand resteras-tu couché ? Quand te lèveras-tu de ton sommeil ? Tu veux somnoler un peu, te reposer encore, juste croiser les mains pour dormir ? Voilà que la pauvreté te surprend comme un rodeur, et la misère comme un homme armée.* » (Pr 6,6-11)

La fourmi est laborieuse. Elle va et revient. Même sans contrôleur, elle travaille. Ce n'est pas malheureusement le cas pour beaucoup d'entre nous. Elle fait tout en son temps, contrairement au paresseux qui dort, croise les mains, s'occupe des affaires des autres… La télévision nous forme, elle nous déforme aussi si on n'y prend garde, avec ses nombreux programmes de divertissement pouvant vous retenir une journée entière au divan. Ceux qui ont travaillé sur ces programmes y ont pourtant laissé leur sueur, la trace de leur génie. Celui qui les prendra sans modération sera surpris par la pauvreté.

Quelqu'un avait écrit : « *Les derniers moments passés au lit ont une saveur particulière ; nous en profitons au maximum, souhaitant pouvoir repousser le début d'une journée de travail… Si la paresse nous détourne de nos responsabilités, la pauvreté nous privera bientôt du repos légitime auquel nous avons droit.*»

Travailler énergiquement, pas pour la forme, cela manque beaucoup chez nous. Dieu a mis six jours pour créer le monde. Jésus dit : « *Mon père est à l'œuvre jusqu'à présent ; moi aussi je suis à l'œuvre.*» (Jn 5,17) Le travail qui enrichit, c'est celui qui sue. L'apôtre Paul écrivait : « *…nuit et jour, dans la fatigue et la peine, nous avons travaillé…* » (2Thes3,8)

Une sœur revenue des USA, en visite de famille chez nous, s'étonnait que ses sœurs aient tout leur temps à tourner les pouces à la maison alors que le travail les attendait quelque part, qu'elles aient à revenir à la maison quand elles le voulaient. Elle conclura alors : si vous êtes heureuses à travailler dans ces conditions, tant mieux continuer au Congo que de chercher un voyage au pays de l'Oncle Sam.

Huit heures de travail ! C'est la règle. Mais de travail laborieux.

### 2.2.3 L'entrepreneuriat

Nous le disions déjà ci-haut, nous le répétons encore : nombreux d'entre nous passeront leur temps à se plaindre d'absence d'embauches, de rareté d'entreprises. Ils appelleront de toutes leurs prières que vienne le « mundele » qui installera les compagnies…Ils mettront beaucoup d'honneur à chercher auprès de rares sociétés qu'il y a dans la place, finiront par avoir du déshonneur. Ils attendront longtemps jusqu'à ce qu'ils viennent à être disqualifiés par l'âge, la science ou l'expérience.

Ne nous voilons pas la face : le contexte économique de nos pays est de sous-emploi : pas des postes vacants. Pourtant, il y a toujours quelque chose que nous pouvons faire. C'est de la sagesse de la fourmi qui ne cherche ni maitre, ni chef, ni inspecteur pour travailler (Pr 6,6ss). Elle travaille pour elle-même. C'est l'entrepreneuriat.

De façon plus claire, l'entrepreneuriat est la fonction d'une personne qui mobilise et gère des ressources humaines et matérielles pour créer, développer et implanter des entreprises commerciales.

Allons un peu plus près de cette école de la fourmi pour apprendre de son esprit d'entreprise.

a) <u>La fourmi travaille dans ses propres affaires</u>

C'est très important. C'est pourquoi elle peut aller dans tous les sens, quel labeur ! pour chercher ce qu'il lui faudra pour ses besoins immédiats et ceux à venir. Jamais nous ne la rencontrerons assise, elle est toujours au travail. Dieu sait quand elle se repose ! C'est aussi pour cela qu'elle n'a besoin d'être surveillée.

Nous ne le dirons jamais assez : les temps sont durs. Chacun devrait penser à créer quelque entreprise pour soi, les enfants devraient être enseignés dans cette optique. Pour y arriver, chacun regardera ce qu'il y a en soi, et autour de soi. L'esprit de créativité sommeille en chaque être créé par l'Eternel.

Précisons que ce besoin d'entreprise ne concerne pas seulement les chômeurs. Ceux-là même qui travaillent tireront un grand profit en y réfléchissant. Vous savez que le salaire est comme une corde attachée au coup de la chèvre. Cette malheureuse doit tout faire à la longueur de sa corde. C'est comme cela le salaire. Le maitre qui vous le fixe vous oblige à vivre à cette mesure : 200 000 francs, faites tout avec cela. Ne pensez jamais à ce qui peut vous coûter au-delà, à moins d'avoir le moyen de vous libérer de la prise.

La fourmi travaille pour elle-même. Commençons à voir en nous-mêmes, autour de nous-mêmes, nous verrons ce que nous ferons pour nous-mêmes, qui pourra nous enrichir et nous aider à contribuer à faire de notre monde cet Eden rêvé. Mark Zuckerberg a fait ce voyage intérieur, et a créé Facebook. Beaucoup d'autres ont expérimenté cela et sont devenus des icônes de leurs contextes, des signes de leurs époques, sans nécessairement avoir de gros diplômes, sans faire de la politique, comme c'est le cas de nombreux d'entre les congolais qui ne rêvent que députation, ministère ou organisme international pour sortir de la pauvreté.

Jusqu'en 2021, l'homme le plus riche de la Chine disait : « *L'une des raisons pour lesquelles les pauvres sont pauvres, c'est parce que les pauvres ne sont pas formés pour reconnaitre l'opportunité de l'entrepreneuriat. Ils passent beaucoup de temps à l'école et ce qu'ils apprennent est de travailler pour un salaire au lieu de travailler pour eux-mêmes. Le bénéfice est meilleur que le salaire parce que les salaires peuvent vous faire vivre, mais les bénéfices peuvent vous rapporter une fortune ».*[4]

Les commentaires sur les réseaux sociaux vont dans tous les sens, même les plus invraisemblables…

Il est encore temps. Mais il pourrait être tard. Ne soyez pas de ceux qui voudront être comme Bill Gate, ou Moise KATUMBI, mais sans essayer de se tailler un passage dans le roc. Ce n'est pas facile : déjà pour comprendre ce message pourtant simple, pour faire son examen de potentialité, pour démarrer et pour tenir. Voilà pourquoi ils ne seront que peu nombreux qui seront couronnés. Chacun de nous va à chance égale, pourtant.

L'ancien Président Zimbabwéen, R. MUGABE, a laissé une blague qui continue à traverser les réseaux sociaux : *« Lorsque le salaire arrive à temps, vous mangez du poulet. Au fur et à mesure que le salaire diminue, vous mangez des produits de poulets(œufs). Et par la suite, vous commencez à manger les aliments de poulet comme le maïs et le mil. Enfin, lorsque le salaire est terminé, vous devenez le poulet même, passant votre temps juste pour chercher quoi manger ! Votre salaire est une graine qui doit être plantée… »*

b) Elle sait garder pour la période morte : l'épargne

Si la fourmi est vantée par le poète français dans « la cigale et la fourmi », c'est aussi parce que son travail lui a permis d'avoir de quoi survivre quand vint l'hiver.

Le processus de création d'entreprise peut commencer avec très peu. C'est à l'image de la fourmi charriant de minuscules brins de pain. De tour à tour, c'est un paquet suffisant pour traverser la période de soudure.

[4] Congoinfo du 05/03/2021

Le concept que nous voulons mettre en vedette ici, c'est l'épargne. Ce qui est avantageux avec l'épargne, ce qu'elle vous permettra de sauter sur les opportunités qui se présenteront à vous.

Cette notion est difficilement comprise en pays pauvres, car elle devrait résulter d'un excès de revenus sur la consommation. Or la plupart de ménages sont en mode endettement tant leurs dépenses incompressibles sont supérieures à leurs revenus. C'est vrai. Mais celui qui voudra sortir de la pauvreté acceptera des privations certaines pour se constituer un fonds d'investissement par ses petites épargnes cumulées pendant une période donnée. C'est un choix. Un conducteur de moto (wewiste chez nous) a le choix entre fumer ses petites recettes et garder au moins une partie d'elles. S'il fait le bon choix, il finira par avoir une autonomie et un progrès remarquable avec le temps.

Investir de ses épargnes est de loin meilleur que de le faire par le micro-crédit. Ceux qui ont déjà essayé en diront long. D'ailleurs même la microfinance l'enseigne : les épargnes ouvrent la voie au crédit.

Vous travaillez maintenant, est-ce que vous épargnez ? L'épargne, c'est le moyen d'avancer pour les prochaines nécessités, de tomber sur les probables opportunités, d'obtenir les prochains investissements, plus importants. La fourmi est sage jusqu'à ce point.

### c) Elle gère des ressources avec parcimonie

La fourmi gère son temps, la saison. C'est pourquoi elle travaille, comme qui sème pour moissonner. Elle gère aussi son énergie. Et quand tout va bien, elle ne gaspille rien : elle gère l'abondance. Nous connaissons des personnes qui ont perdu la tête quand tout allait bien. Ce qui s'en est suivi, c'est la pauvreté, tous les renards partis.

La fourmi nous livrera encore ses secrets, à force d'observation. Elle travaille, et le fait pour elle-même. Toutes les ressources qu'elle a, elle les gère en bon père de famille.

### 2.2.4 Faire ensemble

Chaque fourmi a ses affaires ! Mais devant une proie à dévorer, elles s'invitent les unes les autres. L'idée de faire ensemble est connue des fourmis dont nous parlions ci-haut.

Il y a, dans cette vie, des choses à faire individuellement. Il y en a aussi tant à faire ensemble. La victoire solitaire devrait nous faire penser aussi à la possibilité de la réussite collective.

Avant de poursuivre, assistons à cette séance d'économie politique avec l'auteur des réflexions critiques de valeur universelle et intemporelle :

> *« J'ai examiné une autre réalité qui n'est que fumée sous le soleil : un homme peut être seul, sans fils ni frère, et pourtant son travail n'a pas de fin et ses yeux ne sont jamais rassasiés de richesse : ' pour qui donc est-ce que je travaille et me prive de bonheur ?' se demande-t-il. Cela aussi, c'est de la fumée et une mauvaise occupation.*
>
> *Il vaut mieux être deux que tout seul, parce qu'à deux on retire un bon profit du travail. En effet, en cas de chute, l'un relève son compagnon, mais malheur à celui qui est seul et qui tombe sans avoir de proche pour le relever. De même, si deux personnes dorment ensemble, elles auront chaud, mais celui qui est seul, comment aura-t-il chaud ? Si quelqu'un peut l'emporter contre un seul homme, à deux on peut lui résister ; la corde à trois fils ne se coupe pas facilement. » (Eccl 4, 7-12)*

On peut réussir seul, et résister au nivellement par le bas. Surtout chez les pauvres, l'égoïsme monte aussi vite que l'on croit réussir. On rêve de voler plus haut seul, et de mettre tous les autres sous sa coupe. C'est possible. Mais ensemble, c'est mieux.

Nous savons que c'est de purs combats que de persuader les hommes à faire ensemble. Quelqu'un avait dit, peut-être exaspéré : « *Si nous sommes des hommes, vivons ensemble ; sinon nous mourrons ensemble comme des idiots.*»

« Etablissement MONOKAKA[5] », c'est d'un autre temps. Sinon, MONOKAKA meurt, et tout se disperse en quelques jours pour se résumer au mieux dans un tombeau en marbre. Soit !

Pour revenir au texte que nous évoquions ci-haut, et à la lumière de ce que nous apprenons des fourmis, nous relevons ici les avantages à faire ensemble.

a) La constitution du capital

C'est le point de départ de l'idée même d'entreprise. Le capital peut être minime pour de petites entreprises. Sans minimiser les faibles commencements, on se rappellera ici du principe : « *…qui sème peu moissonnera peu.*» (2 Co 9,6) Lorsqu'on croit au big stream (grand rêve), le capital devra aller avec.

A plusieurs, c'est plus facile de constituer le capital d'entreprise et de réaliser un projet. C'est pratique.

Imaginons un petit projet qui requiert 5000 USD. Epargner seul jusqu'à cette hauteur prendra des années, et même sera utopique pour plusieurs en pays pauvres où nous sommes. Or ce capital divisé en parts de 100 USD peut être constitué si au moins 50 personnes décident de se donner la main. Chacun, à la mesure de ses moyens, prendra une part, deux, trois…, et le projet lancé dans un temps record.

Nous ferons mieux de préciser que le capital prendra toutes les formes : celui-ci disposera d'autant d'unités monétaires, celui-là d'un terrain, ou d'un savoir, etc.

---

[5] Littéralement « moi-même », « pour moi-même »

Ce qui isolement n'avait que la valeur d'un potentiel peut, mis en liaison avec l'autre, avoir l'importance pratique d'une richesse. Tel se débattait avec son terrain marécageux jusqu'au jour où il se met en relation avec une volonté d'entreprendre dans la pisciculture. Son terrain aura fini de prendre de la valeur dans ce projet. De même, ces 50 USD fumés dans une veste ou une robe prendront une autre valeur si placée dans une affaire valant 5000 USD.

b) <u>Possibilité de capitaliser les ressources</u>

Les ressources pour une entreprise sont de plusieurs ordres. Les talents, les relations, le charisme particulier, l'argent, les meubles et les immeubles, etc.

Le créateur nous a créés étonnamment différents les uns des autres. Ces différences, en entreprise, sont de grandes richesses, telles des personnes se chauffant mutuellement. Tel est timide, tel autre bavard, courageux, prenant des risques, facile d'abordage, faisant des amis. Tel autre encore ne sait pas vendre, l'autre passe pour un excellent commercial. Celui-ci ne se connait qu'avec les gens de son village, de son quartier, alors que celui-là a des relations jusqu'à l'international.

Ensemble, plusieurs ressources sont mises en synergie. On sera surpris de la valeur potentielle de sa possession une fois mise en relation avec celles des autres.

Nous suivions une formation organisée par la World Vision RDC dans notre cité dans l'idée de promouvoir le développement communautaire. Une image nous restera peut-être pour longtemps gravée dans l'esprit : *la ligne la plus longue*. En effet, nous étions divisés en deux groupes de taille égale et la facilitation nous demandait d'obtenir la ligne la plus longue possible en se servant de toutes nos ressources. Nous avions commencé par nous donner les mains, puis tel nous proposait d'être liés par nos ceintures. Celui qui avait un pardessus sur lui nous le proposait, etc. Et la ligne devenait de plus en plus longue, etc. Nous avions fini par comprendre la leçon : ensemble, nous pouvons obtenir une plus longue ligne, nos ressources, mêmes les plus improbables, peuvent nous amener plus loin.

c) Possibilité de réussir des affaires plus importantes

Cela va de soi. Un homme peut réussir seul, mais à plusieurs, c'est plus intéressant. Le monde des affaires est fait des opportunités. Ensemble, on peut tomber sur des opportunités plus importantes. Comme pour faire face au géant Boeing, les européens ont dû se mettre ensemble dans Airbus.

Disons en passant que le monde économique est aussi fait de concurrence, souvent de rude, de violente et d'irrégulière : les petits tombent devant les grands (multinationales) qui jouissent d'avantages comparatifs énormes. Ainsi va le monde. C'est de la sagesse que deux résistent mieux à plus fort qu'eux.

d) Possibilité de partager les pertes

Dans les affaires, on gère des risques. On gagne, on perd aussi. Et comme on partage le bénéfice, la perte, on se la partage aussi.

Remarquez qu'une perte partagée est plus petite que si elle devait être supportée par un seul. Le choc est nettement facile à maitriser. Si une affaire valant 5000 USD tourne mal, celui qui y a mis 50 USD ou 100 ne fera pas d'AVC. Le coup sera désastreux si tout doit être porté sur la tête d'une seule personne. Il y a de la sagesse en cela.

Disons aussi que mettre ensemble nous donne la possibilité de ne pas mettre toute notre âme dans une seule et même affaire. Les pertes d'ici peuvent être compensées par les bénéfices de là-bas. C'est aussi de la sagesse.

Terminons cette section en disant que la collaboration présente plusieurs avantages. En fait, la vie est faite pour être vécue comme une possibilité de partage et de mise en commun, pour des relations, non pour être vécue comme dans un ilot solitaire. La famille peut déjà être regardée comme le lieu de cette expérience.

Certains préféreront vivre dans leur coin, peut-être par pur égoïsme ou par incapacité à faire confiance à qui que ce soit. Faisons pourtant des amis, engageons-nous dans des équipes, nous réussirons mieux.

Nombreux parmi nous aurons des problèmes par le temps qui court parce qu'incapables de créer des structures pouvant donner du travail à nos enfants que nous formons pour les structures des autres. Sortons de cette école de la fourmi décidés à changer le fusil d'épaule. L'adage français dit : « *...seuls les imbéciles ne changent pas.* ». Même l'Eglise n'a que faire d'éternels demandeurs d'emploi. Elle a besoin des créateurs d'emplois ! L'emploi que vous avez déjà ne devait être regardé que comme une chance à mettre en œuvre votre plan B.

## 3. AUTRES DETERMINANTS A SAVOIR

Jusqu'ici, nous présentions le travail comme faisant partie de notre mission sur terre. Avec lui, la vie se gagne et le service est rendu pour le bien de l'humanité. La fourmi est passée pour le modèle dans son labeur, dans sa capacité à s'autogouverner, aussi à collaborer avec ses pairs pour des meilleures et grandes réussites.

Cela dit, le travail a d'autres déterminants que nous voulons mettre en relief dans ce chapitre :

- Tenir compte de Dieu dans tout ce qu'on fait
- Être qualifié pour la bénédiction divine.

### 3.1 Tenir compte de Dieu dans ses entreprises

> « *A vous maintenant qui dites : ' aujourd'hui ou demain nous irons dans telle ville, nous y passerons une année, nous y ferons des affaires et nous gagnerons de l'argent', vous qui ne savez pas ce qui arrivera demain ! En effet, qu'est-ce que votre vie ? C'est une vapeur qui parait pour un instant et qui disparait ensuite. Vous devriez dire, au contraire : 'si Dieu le veut, nous vivrons et nous ferons ceci ou cela.* ». (Jacques 4, 13-15)

Dans notre combat contre la pauvreté, nous apprenons à tout faire comme si tout dépendait de nous. En même temps, et avec le même sérieux, nous devrions apprendre à considérer que tout dépend de Dieu.

Il y a clairement dans le texte de Jacques une mise en garde : tenez compte de Dieu dans vos projets. Autrement, c'est la déception. Deux raisons sont évoquées dans ce texte : l'incertitude du lendemain et celle de la vie de l'homme.

### 3.1.1 L'incertitude du lendemain

Dans toutes les entreprises humaines, il y a une part importante d'incertitude. Avec raison le sage d'Israël considérait-il tout investissement comme du pain jeté à la surface de l'eau. Il ajoute même qu'on ne connait quel malheur peut arriver sur la terre. (Eccl 11,1-2)

Le lendemain est incertain. Cette absence de garantie sur ce dont demain sera fait ne devrait pas nous pousser à adopter une attitude faite de mesquinerie ni sombrer dans un déséquilibre désespérant du type ' mangeons et buvons, car demain nous mourrons'. Au contraire, elle devra nous engager à considérer Dieu, l'omniscient, comme notre principal associé.

Dieu seul sait de quoi demain sera fait. Il est donc stupide d'élaborer des plans comme si Dieu n'existait pas ; c'est lui qui décide de l'avenir. Celui qui tient compte de lui sait qu'il peut se mêler de ses projets, ou les remanier.

La question serait peut- être de savoir comment tenir compte de Dieu dans ses entreprises. La réponse serait simple : en faisant des projets, nous les soumettrons à Dieu par la prière, nous rechercherons sa direction, nous le mettront au centre de tout, comme si tout était fait par lui et pour lui.

Il est par ailleurs bon de se rappeler que Dieu :

- Remplit d'habileté, d'intelligence et de savoir-faire pour toutes sortes de travaux (Ex 31,1ss) ;
- Distribue de merveilleux conseils et augmente les capacités de discernement (Es 28,29).

C'est merveilleux d'avoir le conseil de Dieu sur le lendemain, sur les ressources et sur les écueils du futur ! Sinon, on avancerait comme avec des yeux bandés.

Un homme avait été averti de Dieu sur l'importance qu'auraient les produits pétroliers pour nos siècles actuels. Bien avant nous, il avait investi dans le pétrole. Un autre n'avait pas été renseigné sur le disfonctionnement climatique à venir pendant la saison culturale en face. Il avait semé 800 verres de haricot et pensait récolter des tonnes tant les épis étaient prometteurs. Quand surprend la pluie, quelle inondation ! Toute la vallée gagnée des eaux, et finit le rêve.

### 3.1.2 L'incertitude de la vie

A l'incertitude des temps et des circonstances se greffe celle de la vie de l'homme à tel point qu'il est toujours sage de savoir ce qu'est l'homme.

Pour Saint Jacques, la vie est une vapeur qui parait pour un instant et qui disparait ensuite. Elle est courte. Dieu seul en connait la mesure. C'est illusoire de pensait qu'on est là pour vivre le temps qu'on voudrait. C'est souvent le piège de l'homme d'affaires.

La vie humaine tient au fil d'un rasoir. Certains, se sachant éphémère, développent telle avarice qu'ils pensent survivre dans leurs enfants et familles ; on oublie parfois que la vie de tout être humain est fugace : on passe, même après un siècle. Ses enfants aussi passeront, et chacun à son tour sans rien emporter de ce monde.

Devant la brièveté de la vie, la meilleure attitude, c'est de vivre pour Christ. Nous travaillons, nous luttons, nous réussissons, tout pour Christ. Dans nos projets, nous ne perdons pas la tête.

Jésus parle du riche insensé dans Luc 12,16-20. « …*Ses champs avaient beaucoup donné…Il se disait en lui-même : mon âme, tu as beaucoup de biens en réserve pour de nombreuses années : repose-toi, mange, bois et réjouis-toi… Mais Dieu lui dit : homme dépourvu de bon sens ! Cette nuit même, ton âme te sera redemandée, et ce que tu as préparé, pour qui cela sera-t-il ?* »

Notre vie est entre les mains de Dieu. Travaillons avec tous les efforts, en tenant compte de Dieu, en recherchant sa direction, en le considérant comme le souverain associé de nos entreprises. Ainsi, nous ne serons pas déçus, contrairement à ce que furent les hommes de Babel qui comptaient sur eux seuls.

## 3.2 Être qualifié pour la bénédiction divine

Tenir compte de Dieu, le prendre pour le souverain associé, c'est aussi faire attention à ses droits.

Dans cette section, nous voulons parler d'un des droits de Dieu : la dime et les offrandes. Loin de nous l'idée de faire dans cette section un enseignement en règle sur la question des dimes et des offrandes, c'est plutôt de montrer la relation qui existe entre cette question et notre volonté de sortir de la pauvreté.

« *Un homme peut-il tromper Dieu ? En effet, vous me tromper et vous dites : en quoi t'avons-nous trompé ? » Dans les dimes et les offrandes. Vous êtes frappés de malédiction et vous me trompez, la nation entière ! Apportez toutes les dimes à la maison du trésor afin qu'il y ait de la nourriture dans ma maison. Mettez-moi ainsi à l'épreuve, dit l'Eternel, le Maitre de l'univers, et vous verrez si je n'ouvre pas pour vous les fenêtres du ciel, si je ne déverse pas sur vous la bénédiction en abondance.*» (Malachie 3,8-10)

Trois petits points nous intéressent dans le cadre de cet exposé : l'antiquité de la dime, la question de bénédiction/malédiction, les offrandes.

### 3.2.1 L'antiquité de la dime et sa logique

La dime est une pratique d'une grande antiquité. Tous les peuples anciens l'ont pratiquée.

La logique est d'offrir un dixième de son revenu à un dirigeant, à un souverain, ou à un propriétaire terrien. Le chrétien ne devrait avoir aucune difficulté pour comprendre une telle logique. Nous travaillons dans le champ de Dieu, nous exploitons d'une manière ou d'une autre les ressources qui lui appartiennent. Comme c'est clair que lorsqu'on travaille dans un terrain appartenant à autrui, on offre une part de ses revenus à cette personne. Cela est vrai dans tous les temps, dans toutes les sociétés.

Nous disions tantôt que Dieu, à qui appartient tout, qui contrôle les temps et les circonstances, qui tient en son pouvoir le souffle de notre vie, doit être le principal associé dans notre projet de combattre la pauvreté. Et comme un associé majoritaire, il a ses droits sur toutes nos entreprises. C'est la dime que nous devons lui payer. Ne pas le faire, c'est le tromper, c'est du vol. Lequel des associés d'une entreprise pourra se plaire à ne pas être mis dans ses droits  au partage du bénéfice réalisé ?

### 3.2.2 La question de bénédiction et de malédiction

La bénédiction et la malédiction tiennent à deux choix de l'homme : obéir et désobéir respectivement. Dt 28.

C'est ici où nous avons trouvé intéressant de placer la question de la dime dans le chemin du développement : comment allons-nous nous efforcer de mettre à bas la pauvreté dans nos vies si à priori nous sommes maudits de Dieu ?

« Maudits !» Le mot semble pesant, mais il n'est pas de nous. C'est de Dieu. Nous nous encourageons à lutter contre la pauvreté, mais que ferons-nous si nous ne sommes pas qualifiés pour réussir parce que sous le jugement de Dieu ? Que le prophète Malachie nous dise ' vous êtes frappés de malédiction' ne nous semble pas assez dangereux. Mais suivre l'éventail de malédictions promises à Israël désobéissant, quelle horreur !

« *Tu seras maudit dans la ville et dans les champs. Ta corbeille et ta cruche…maudites. Tes enfants, le produit de ton sol, les portées de ton gros et de ton petit bétail...maudits. Tu seras à ton départ et à ton arrivée maudit. L'Eternel enverra contre toi la malédiction, le trouble et la menace au milieu de toutes les entreprises où tu t'engageras, jusqu'à ce que tu sois détruit... L'Eternel attachera la peste à toi..., te frappera de dépérissement, de fièvre, d'inflammation, de chaleur brulante, de dessèchement, de rouille, de nielle... Le ciel au- dessus de ta tête sera de bronze, et la terre sous tes pieds sera de fer...* » (Dt 28,15-68)

Faites un effort d'aller jusqu'au bout de la description de l'étendue de cette malédiction. C'est simplement horrible. Le prix de la désobéissance est toujours lourd à payer... La dime est un ordre de Dieu. Elle n'a rien à avoir avec votre pasteur, ou votre église.

### 3.2.3 Les offrandes

Les offrandes sont une libéralité. Vous donnez comme vous voulez. Mais Dieu en a besoin pour son œuvre ici- bas, comme il réclame les dimes.

Puisque le principe de liberté est de mise ici, il nous faut rappeler au moins deux principes :

- « Ce qu'un homme aura semé, il le récoltera aussi. » (Gal 6,7)
- « Sachez-le, celui qui sème peu moissonnera peu et celui qui sème abondamment moissonnera abondamment. » (2 Co 9,6)

Tirons une attention particulière à cet épisode de veuve ayant placé deux petites pièces dans la quêteuse et qui reçut le satisfecit du Seigneur : « *Je vous le dit en vérité, cette pauvre a mis plus que tous les autres.* » Il précise : « *car eux tous ont pris de leur superflu pour mettre des offrandes dans le tronc, mais elle a mis son nécessaire, tout ce qu'elle avait pour vivre.* » (Lc 21, 1-4)

C'est clair ? Elle a mis tout ce qu'elle avait pour vivre. C'est plus que celui qui a déposé cent mille francs alors qu'il a laissé un milliard dans son compte en banque !

Dans les offrandes, il n'est jamais question d'offrir la totalité de ce que nous avons. Et Jésus n'a pas demandé des explications à ceux qui ont apporté leurs surplus. A chacun la mesure de la grâce. Nous donnerons ce que nous voudrons, mais qui ne donnera pas à Dieu l'impression de le prendre à la légère. Tel nous donnons, tel nous récolterons.

Terminons cette section en rappelant que nous travaillons tous dans le champ de Dieu. Tout ce que nous pouvons avoir lui appartient premièrement. Ne pas lui retourner une partie de ce qu'il nous donne sous forme de dimes et offrandes revient à se révolter contre lui. Nous nous rappelons de Jésus qui enseignait le jugement dans la parabole des vignerons :

« ... *Un homme planta une vigne, la loua à des vignerons et quitta pour longtemps le pays. Le moment venu, il envoya un serviteur vers les vignerons pour qu'ils lui donnent sa part de récolte de la vigne. Mais les vignerons le battirent et le renvoyèrent les mains vides. Il envoya encore un autre serviteur, ils le battirent lui aussi, l'insultèrent et le renvoyèrent les mains vides. Il en envoya encore un troisième, mais ils le blessèrent aussi et le chassèrent. Le maitre de la vigne se dit alors : 'Que faire ? J'enverrai mon fils bien-aimé, peut-être en le voyant auront-ils du respect pour lui.' Mais quand les vignerons le virent, ils raisonnèrent entre eux et dirent : voilà l'héritier. Tuons-le, afin que l'héritage soit à nous. Ils le jetèrent hors de la vigne et le tuèrent. Maintenant que leur fera donc le maitre de la vigne ? Il viendra, fera mourir ces vignerons et donnera la vigne à d'autres.* » (Lc 20,9-16)

Nous nous comportons comme ces vignerons qui disaient : tuons-le afin que la vigne soit à nous ! Erreur !

Soyons plutôt des partenaires avec Dieu. Il y a toujours moyen de revenir à lui ; il attend même.

# 4 LE DEVELOPPEMENT SOCIO- ECONOMIQUE DE L'EGLISE

« Jésus leur dit de nouveau : ' *Que la paix soit sur vous ! Tout comme le père m'a envoyé, moi aussi je vous envoie'.* » (Jean 20, 21)

Jésus a accompli son œuvre sur la terre. Après la croix, la vie. Pour le peu de temps qu'il choisit de se montrer à ses disciples, il passe le relais, la flamme, le maillot, la mission. L'œuvre pour laquelle il a été envoyé par son père, il y engage les siens, et de bout en bout, l'Eglise.

## 4.1 L'œuvre de l'Eglise

C'est l'œuvre de Jésus lui-même. « *Je vous envoie* », écrit Saint Jean. Matthieu a immortalisé l'ordre suprême : « *Allez (donc), faites de toutes les nations des disciples, baptisez-les au nom du Père, du Fils et du Saint-Esprit et enseignez-leur à mettre en pratique tout ce que je vous ai prescrit.* » (Mat 28, 18-20) Quant à Marc, à côté du mandat, il a retenu de la bouche du Sauveur les signes qui iront avec les missionnaires : « *…en mon nom, ils pourront chasser les démons, parler de nouvelles langues, attraper des serpents, et s'ils boivent un breuvage mortel, celui-ci ne leur fera aucun mal ; ils poseront les mains sur les malades et ceux-ci seront guéris.*» (Mc 16,15-18) Le médecin, enfin. Luc ne note aucun ordre exprès. Pourtant, ce qu'il retient du Seigneur n'en est pas insignifiant : « *…Ainsi, il était écrit - et il fallait que cela arrive- que le Messie souffrirait et qu'il ressusciterait le troisième jour, et que la repentance et le pardon des péchés seraient prêchés en son nom à toutes les nations, à commencer par Jérusalem. Vous êtes témoins de ces choses.* » (Lc 24, 46-48)

Le sauveur de nos âmes et de nos vies est monté au ciel. Il est assis à la droite de Dieu, le père tout Puissant. Il viendra pour juger les vivants et les morts. Entretemps, l'Eglise a à être consciente qu'il y a des ordres reçus de lui à exécuter, qu'il y aura le temps de la moisson et des comptes à rendre. C'est l'œuvre de L'Eglise.

Cette tâche que le souverain Epoux nous a confiée, nous comme Eglise tant universelle que locale, peut se résumer par « l'évangélisation des nations. » Mais pour l'accomplir efficacement, nous avons besoin d'en mesurer toute l'étendue.

En effet, en actes et en paroles, Jésus a montré ce que nous devrions faire :

- Apporter la parole de Dieu qui recrée l'humain avili par les péchés pour en faire un citoyen du royaume éternel, paisible et glorieux du Créateur, revenant ainsi à ses premiers desseins pour l'homme qu'il avait placé dans le jardin d'Eden ;
- Apporter chez l'homme, la délivrance de l'âme et la guérison du corps, les deux meurtris par les souffrances diverses que tâche d'imposer l'Ennemi à la faible créature qu'est l'homme sans Dieu, les deux éprouvés par la maladie, le manque, la violence, etc.
- Exister comme sel de la terre et lumière du monde, redonnant ainsi à la vie la joie d'être vécue, seul ou en société et même avec l'environnement matériel qui abrite les hommes.

Résumons avec le sauveur lui-même :

« *L'Esprit du Seigneur est sur moi ; parce qu'il m'a consacré par onction pour annoncer la bonne nouvelle aux pauvres ; il m'a envoyé pour guérir ceux qui ont le cœur brisé, pour proclamer aux prisonniers la délivrance et aux aveugles le recouvrement de la vue, pour renvoyer libres les opprimés, pour proclamer une année de grâce du Seigneur ?* » (Lc 4,18-19).

C'est pour cela qu'il doit avoir été envoyé (Lc4, 43) ; il s'était donné jusqu'au sommet où il s'écria : « *...Tout est accompli...* »[6] Voilà l'œuvre dont nous

[6] Le grec traduit par « tout est accompli » veut dire « c'est accompli, c'est consommé ». L'œuvre de Jésus, la rédemption du monde était achevée. Il y a dans ces paroles le sentiment d'une grande victoire, car en succombant, le Sauveur triomphe, et la mort sera pour des millions d'âmes la vie éternelle. « C'est totalement payé. » Ce mot grec figurait sur les factures acquittées ou la reconnaissance des dettes remboursées. Jésus est venu accomplir l'œuvre de salut de Dieu, pour payer entièrement le rachat de nos âmes.

sommes les témoins, que nous devons poursuivre comme le maitre, en actes et en paroles, en paroles et en actes.

Cette œuvre holistique, les missionnaires de tous temps l'ont comprise ainsi : évangélisation des peuples, enseignement, œuvre médicale et diaconale. Jésus l'avait dit sans ambages : « *faites de toutes les nations des disciples..., enseignez-leur ; guérissez les malades, donnez-leur vous-mêmes à manger.* » Comme la moisson est grande !

### 4.2 La question de moyens de l'Eglise

Nous parlons à des hommes de notre génération. Ils peuvent être choqués par ce que nous voulons glisser ici, mais nous le voulons pour une prise de conscience collective : Christ laisse une œuvre immense, universelle et devant exiger beaucoup en termes de logistique. Une bonne nouvelle gratuite, mais qui devra coûter extrêmement cher pour sa propagation. On aurait cru qu'il laissait pour les comptes de l'Eglise assez d'argent, assez des structures d'autofinancement, assez de matériels, etc. Rien. Etonnant ? Lui qui peut prendre de l'argent dans la bouche du poisson pour payer l'impôt pour lui et pour Pierre (Mt 17,24) n'a rien laissé.

Rien laissé, c'est l'impression que nous avons, nous, église égoïste et bigote d'esprit, nous qui n'acceptons qu'à peine que nous sommes la ressource principale de l'Eglise, que nous ne sommes que des gérants des biens que Dieu met entre nos mains, que tout lui appartient.

#### 4.2.1 Nous sommes la ressource de l'Eglise

Christ a compté sur nous en laissant son œuvre devant être poursuivie jusqu'à la moisson générale. Nous, c'est-à-dire nos talents, nos moyens divers, notre temps, nos énergies. Tout ce que nous sommes devrait être pris comme moyens au service de l'œuvre de l'Eglise. Nous pensons ici à l'amour de Dieu que nous devrons lui exprimer de tout notre cœur, de toute notre âme et de toute notre pensée/force. (Dt 6,5 ; Mt 22,37.)

L'amour de Dieu manifesté de cette façon ne ménagera aucun moyen pour le service de l'Eglise : nous partirons pour Dieu, et ferons même des kilomètres épuisés, nous parlerons et crieront pour lui, nous nous donnerons et donnerons ce que nous trouvons pour l'avancement de l'œuvre du Maitre de notre salut.

La plupart d'organismes chrétiens de diffusion de la bonne nouvelle travaillent avec des dons des chrétiens qui croient dur comme fer qu'ils sont et ont les moyens de l'Eglise. Beaucoup d'ouvriers à temps partiel, souvent bénévoles, et très peu de personnels à temps plein, salariés. Ce principe de bénévolat est le moyen par excellence pour s'offrir des heures pleines de travail et d'énergie de volontaires engagés pour l'œuvre qu'on ne peut payer autrement que par la gratitude de l'Eglise. Ce qui est sûr, c'est que tous ces bénévoles qui se donnent comme des maillons d'une longue et éternelle chaine recevront le moment venu le salaire de leur labeur de mains mêmes du Maitre !

Le bénévolat, notre communauté en a connu de moments glorieux. Du travail manuel était fait gratuitement, des champs cultivés et les récoltes faites pour l'Eglise, des maisons construites avec bonheur, génie et gratuitement. C'est le « salu kia zola », le travail d'amour, l'amour qui travaille. Hélas ! Avec le temps, l'égoïsme monte. Cet élan s'est considérablement estompé. Tout service devient payant. Comme s'il devenait honteux de demander aux fidèles un temps de travail gratuit pour le bénéfice de la communauté !

Nous organisions l'entretien d'une piste pour petits porteurs avec le « Salu kia zola.» Le travail n'a pas pu être fait, ni dans le temps, ni comme il se devait, moins encore dans sa totalité : seules de vieilles dames répondaient à notre appel. Telle arrivait et donnait quelques coups de houe qu'elle se disait déjà épuisée alors qu'elle donne des journées entières à ses champs, sous le soleil des tropiques. La suivante ne ferait pas mieux. Et vite, toutes se ruaient vers la marmite du thé ou du café qui était réservée, le morceau de pain, et voilà la désolation. Les jeunes, quelle chance si on en comptait un ! Et les hommes, quelle froideur !

Nous ne pouvons dire autre chose : nous, Eglise, nous sommes les moyens de Dieu pour son œuvre. Dieu nous aide à comprendre la récompense qu'il attache à cela. Comme l'apôtre Paul, « *je prie que le Dieu de notre Seigneur Jésus-Christ, le père de Gloire, vous donne un esprit de sagesse et de révélation qui le fasse connaitre. Je prie qu'il illumine les yeux de votre cœur pour que vous sachiez quelle est l'espérance qui s'attache à son appel, quelle est la richesse de son glorieux héritage au milieu des saints et quelle est l'infinie grandeur de sa puissance, qui se manifeste avec efficacité par le pouvoir de sa force envers nous qui croyons.* » (Eph 1,17-19)

### 4.2.2 Le système des sacrifices et offrandes

L'œuvre de Dieu a commencé avec l'ancienne alliance.

De manière générale, les sacrifices et les offrandes étaient toujours un don fait à Dieu (ou à une divinité) pour lui rendre grâce et pour obtenir des bénédictions. Les circonstances étant diverses, les biens à offrir aussi, pour prendre une signification particulière de l'occasion, et de l'importance de l'objet. Ces offrandes, certaines étaient volontaires (holocauste, offrande végétale, sacrifice de communion- Lv 1-3), d'autres obligatoires (sacrifice d'expiation, sacrifice de culpabilité- Lv5-6).

Si les sacrifices et les offrandes sont faits à Dieu, il ne faut pas perdre de vue qu'il existe un ordre de ses serviteurs, les lévites, et tout un service du lieu de la rencontre que Dieu entretient par ce moyen. Rappelons que les lévites sont la « *seule tribu à laquelle Moise ne donna pas d'héritage. Les sacrifices passés par le feu devant l'Eternel, le Dieu d'Israël, tel fut son héritage, comme il le lui avait dit.* » (Dt18,1-2, Josué 13,14) Cela est de Dieu, non des hommes. Quand le peuple avait négligé d'honorer Dieu par ses sacrifices et ses offrandes, la vie du serviteur devenait malheureuse et le service mal accompli. On comprend pourquoi quand finissent les travaux de reconstruction de Jérusalem, Néhémie repart avec la réorganisation du service du culte et termine par cet engagement qu'ils renouvellent, lui et le peuple entier : « *Nous nous imposons aussi des commandements par lesquels nous nous obligerons à donner 4 grammes d'argent par an pour le service de la maison de notre Dieu, pour les pains consacrés, pour l'offrande perpétuelle, pour l'holocauste perpétuel des sabbats, des débuts de mois et des fêtes, pour les éléments consacrés, pour les sacrifices d'expiation en faveur d'Israël et pour toute l'activité de la maison de notre Dieu.*» (Néh 10,33-34)

Avec la nouvelle alliance, Jésus remanie le système de sacrifices sans le supprimer. Il s'est offert comme sacrifice expiatoire. Et il nous disait être témoin de cela, et que le travail devait aller partout apportant cette Bonne Nouvelle.

Les offrandes sont donc un des moyens de l'Eglise. Elles doivent venir de nous, comme de ces femmes qui « assistaient » Jésus et ses disciples de leurs biens (Lc 8,3). Refuser à l'Eglise ces offrandes, alors que Jésus dit en avoir besoin, c'est se révolter contre le Créateur et le Sauveur de nos vies. Et lorsque l'Eglise mangue des moyens conséquents, elle devient inefficace. Son action sur le monde tend à s'affaiblir, ses membres, eux, maudits (voir plus haut). Judas, l'Iscariote, était le trésorier du groupe de disciples. Jésus regardait avec bonheur qu'on mette assez dans le tronc (voir Lc 21,1-4), s'apitoyant pour sûr sur ceux qui, bien que libres, n'y apportaient que leurs surplus. Quand le roi David se présentait devant Dieu, il n'accepta pas d'offrir à Dieu ce qui ne lui avait pas coûté. (1Chr21,21-24) Sans tristesse ni contrainte, Salomon offrit 1000 holocaustes à Gabaon à L'Eternel. Nul doute que cette lourde offrande est, même partiellement, la raison de sa célébrité inégalée et inégalable : « *La sagesse et la connaissance te sont accordées. Je te donnerai, en plus de cela, des richesses, des biens et une gloire tels qu'aucun roi n'en a jamais eu avant toi et n'en aura pas après toi.* » (2 Chr 1,12 et précédents). Il sera plus glorieux que son père, plus riche que quiconque après lui.

### 4.2.3 Les bras de l'Eglise : les moyens d'autofinancement

C'est clair que Jésus n'a pas obligé ses ministres à faire du commerce. Autant il est aussi clair qu'il ne nous condamnera pas si nous nous donnons des bras supplémentaires pour le soutien de son œuvre.

En effet, il a raconté la parabole de talents et se souciait de les voir être fructifiés. (Mt 25,14ss). Il connait quelles ressources il met entre nos mains, et comment nous pouvons nous battre pour en faire de moyens d'autofinancement de l'œuvre.

Il est un fait ces années : la crise ! Mais cinquante années passées, pouvons-nous nous représenter la manière dont les ressources alors disponibles ont été gérées et placées ? Si non, des années après, nous pourrions regretter à cause de ce nous aurions fait de ce que nous avons aujourd'hui.

Le principal devrait être de créer des structures pouvant permettre à l'Eglise d'avoir les moyens de sa mission. Notre Communauté est issue d'une mission suédoise sortie du réveil près des années 1880 en Europe. Mais de ces années-là à nos jours, nous imaginons la chute sur le plan numéraire avec le renouveau du paganisme et le rétropédalage spirituel qui gagne le monde actuel. Des cultes d'une dizaine, de deux, trois dizaines, pratiquement de troisième âge dans certaines paroisses. Mais ces dernières continuent à nous venir en aide, nous qui sommes de brillantes assemblées parfois très « charismatiques » de plus de 300, 400, 500, 1000 membres ! Le secret, le leur, s'il en était un : au-delà du soutien étatique, ces paroisses ont su investir dans les activités qui génèrent du revenu même quand les offrandes se sont effritées.

Nous savons qu'une culture de consommation nous colle à la peau. Pourtant nous devrions nous reconsidérer : si nous sommes à même de couvrir nos dépenses courantes et qu'un surplus peut se dégager de nos moyens actuels, demain, l'explication de difficultés pour l'œuvre de l'Eglise, ce sera nous. Nous picotons des carreaux de nos temples, changeons d'équipement de sonorisation comme simplement pour le bonheur des yeux, nous regretterons quand le « boss » de notre paroisse n'aura plus de moyens, ou quand il déplacera, ou qu'il sera retraité, ou encore qu'il nous précédera dans la félicité éternelle.

Donner des bras à l'église devrait nous préoccuper. Les églises missionnaires en payent le prix. Celles qui montent dites de réveil ou indépendantes qui n'auront pas compris en auront pour leur compte. Les offrandes, nous en auront jusqu'à la parousie, c'est sûr. Elles diminueront avec la crise, ou deviendront insuffisantes avec les exigences de la technologie moderne. Qui pensait s'acheter un kit de télévision pour prêcher la bonne nouvelle il y 50 ans chez nous ? Aujourd'hui, on y aspire de plus en plus, et même sur le satellite.

Ce qui est vrai pour une paroisse locale l'est pour toute une Communauté. Prions et travaillons pour que la pluie continue à être une bénédiction sur toute la ligne. Aucun prophète n'avait vu venir le confinement dû au coronavirus. Nous ne voyons rien devant, sauf une œuvre à réaliser, pour que le Seigneur, à son retour, nous trouve faisant comme il nous l'a dit.

### 4.3 La question de la formation des serviteurs qualifiés pour l'œuvre

« *En effet, toute personne qui fera appel au nom du Seigneur sera sauvée. Mais comment donc feront-ils appel à celui en qui ils n'ont pas cru ? Et comment croiront-ils en celui dont ils n'ont pas entendu parler ? Et comment entendront-ils parler de lui si personne ne l'annonce ? Et comment l'annoncera-t-on, si personne n'est envoyé ?* » (Rm 10,13-15)

Le salut est rendu disponible par l'œuvre de la croix de Jésus-Christ. Quiconque le veut peut y accéder. Mais la série d'interrogations ci-haut montre la mesure du travail continu que nous devons accomplir pour que le salut touche les hommes :

Jésus-Christ montré aux hommes pour produire la foi. Il se pose donc un problème des hommes devant être à l'œuvre.

Nous croyons à la nécessité d'évangéliser les peuples. Et pour ce faire, quel besoin des personnes gagnées par le Saint-Esprit, douées, formées, qualifiées et équipées ! Autant pour la mission de guérir les malades, pour le travail diaconal et pour l'enseignement sous toutes ses formes.

Des personnes de cet acabit, nous en avons besoin. Leur formation doit coûter cher à l'Eglise. Est-ce que nous ne sentons pas ce besoin d'argent pour former des armées pour l'œuvre de l'église ? Si oui, que faisons-nous pratiquement pour gagner ce pari ?

Parfois nous avons l'impression que n'importe qui, de formation quelconque, peut faire n'importe quoi dans l'Eglise. Bien sûr, l'Église ne rechercherait pas des hommes dont le génie rivaliserait avec celui des anges jusqu'à détruire la foi par un trop de connaissance mondaine, mais c'est certain qu'elle n'aura pas trop à gagner avec des malformés, de sous-équipés, des analphabètes qui se diraient seulement être gagnés par l'Esprit de Dieu.

Former les ouvriers est une nécessité. C'est une responsabilité de l'Église, non des individus. Si nous croyons que travailler à un corps de l'Église ressemble à exercer sous le drapeau, et qu'on s'inquiète qu'un militaire s'achète seul armes, munitions et uniforme, on comprend alors le danger qui guette l'œuvre si chacun devrait se payer sa formation.

Notre Communauté a consacré le premier dimanche du mois d'août à collecter pour la formation de serviteurs. Combien collectons-nous en une année pour ce besoin ? Donnons-nous les moyens de cette cause, le travail de Christ en a besoin. Ça devrait nous inquiéter : chacun de nous s'efforce de payer la formation de ses enfants. Nous devrions en être fiers, c'est sûr. Mais que tous réunis en Communauté ne réussissons pas à former 5 par an par exemple, c'est inquiétant !

L'Eglise a besoins de moyen. Donnons-les-lui.

## 4.4 La situation sociale des ouvriers de l'Eglise

Quelle est la situation sociale de ceux qui travaillent pour l'Eglise ? De quoi vivent-ils ? Sont-ils assez équilibrés socialement pour se jeter à l'œuvre sans trop penser à leurs besoins primaires ?

Point n'est besoin de rappeler que les ouvriers de l'Eglise ont une forte espérance des choses éternelles. Mais encore sur terre et coincés dans les contingences immédiates, ils n'ont pas besoin de vivre comme des nécessiteux.

Avec le retour du paganisme, le travail de l'ouvrier de l'Eglise n'est pas pris en estime. C'est normal. Mais pour nous qui croyons à l'œuvre de Dieu, il ne devrait pas en être ainsi. Nous devrions nous interroger à fond sur les conditions sociales des ouvriers, des familles, et même de la logistique autour d'eux. Nous nous moquons de nous lorsque nous sommes incapables de nous acheter tel livre devant nourrir notre passion et notre intelligence pour le ministère ! Ou quand nous ne pouvons pas payer la connexion Internet pour une seule journée de travail de recherche ou d'étude ! Ou lorsque nous nous sentons incapable de nous mouvoir à souhait parce que limité par les moyens, etc.

L'Eglise a besoin de beaucoup de moyens pour offrir à ses ouvriers les conditions maximales de travail. Pour ce faire, elle doit se remettre pour beaucoup en cause, surtout dans nos pays pauvres, encore frappés des crises.

Nous, église missionnaire, devrions apprendre de ce que les autres avaient réalisé chez nous. Ils avaient envoyé des serviteurs en Afrique et les avaient pleinement pris en charge. La logistique n'avait pas fait défaut. A l'œuvre colossal, des moyens colossaux. Si ces blancs étaient destinés à venir faire avec les conditions précaires de nos pays et travailler pour l'œuvre, ils auraient certainement échoué :

le temps d'apprendre la langue, de cultiver leurs champs, de se débattre dans nos maladies, et d'évangéliser, d'enseigner, de guérir, d'aider…

Réfléchir à cette question devrait nous pousser à essayer diverses pistes : l'option de travail partiel, la piste de formations complémentaires, la reconsidération du niveau des rémunérations faites aux ouvriers, la requalification de la base de prise en charge des serviteurs.

Nous ne privilégions aucune piste. Nous ne posons que le problème. D'ailleurs ces possibilités ne sont pas les seules à avoir à l'esprit. Mais une chose est certaine : l'Eglise doit avoir quête d'argent pour mettre à l'abri du besoin élémentaire ses ouvriers.

Revenons à ce que disait quelqu'un : « *Nous ne pourrons pas être efficaces dans le témoignage si les autres ne nous respectent pas.*» (Aussi à cause de notre pauvreté). Saint Paul, lui qui tenait à être efficace dans son ministère défiait : « *Et nous n'avons mangé gratuitement le pain de personne ; au contraire, dans la fatigue et dans la peine, nous avons travaillé pour n'être à charge d'aucun de vous.* » (2 Thes 3,8)

Est-ce que le pain du serviteur lui est donné gratuitement ? Certainement pas. L'ouvrier mérite son salaire. (Lc 10,7) Il est interdit de mettre « *de muselière au bœuf quand il foule le grain.* » (Dt 25,4) Paul avait en face des gens à entrainer à la foi qui pourraient avoir l'impression de donner leur pain sans raison. Même de nos jours, il y a des hommes qui n'ont pas encore accédé à notre foi et qui ne penseront pas mériter le fruit du travail des serviteurs dans l'Eglise.

Comme Paul, l'Eglise doit réfléchir pour ne pas laisser des obstacles sur la voie de son œuvre. Ceux qui ont réellement cru à Christ et à son œuvre dans ce monde se verront défiés de donner à l'Eglise les moyens dont elle a besoin, aussi pour ses serviteurs.

## POUR UNE MOBILISATION GENERALE : CONCLUSION

Nous voudrions conclure ici. L'Eglise a besoin de beaucoup. Dieu nous aide à lui offrir même « nos yeux » si c'était possible. Paul vantait les églises de Macédoine :

« *Au milieu même de la grande épreuve de leur souffrance, leur joie débordante et leur pauvreté profonde les ont conduits à faire preuve d'une grande générosité. Je l'atteste, ils ont donné volontairement selon leurs moyens, et même au-delà de leurs moyens, et c'est avec beaucoup d'insistance qu'ils nous ont demandé la grâce de prendre part à ce service en faveur des saints. Ils ont fait plus que ce que nous espérions, car ils se sont donnés eux-mêmes au Seigneur, puis à nous, par la volonté de Dieu.* » (2 Co 8, 2-5)

Au-delà de notre responsabilité comme membres de l'Eglise, celle de l'Eglise comme institution vis-à-vis de ses ouvriers, et dans la nécessité à ne pas gaspiller les ressources en sa disposition (Mt 14,20), mais de les fructifier, l'Eglise a donc à avoir à cœur ses responsabilités diaconales. Tout compte fait, elle a besoin des gens qui s'offrent à Dieu et à elle, assez volontaires dans leurs dons, offrandes, dimes et autres contributions spéciales, comme ceux qui avaient aidé Salomon dans la grandiose entreprise lui laissée par son père (1 Chr 29), comme ces femmes qui assistaient Jésus et les siens par leurs biens.

L'Eglise aura encore besoin de nous tant que le Maitre sera attendu. Le monde du temps de Jésus était caractérisé par l'image d'une mer agitée (Mc 4,35ss), d'un troupeau qui inspire compassion parce que sans berger (Mc 6,34ss). Le nôtre, si pas aussi malade que celui de Jésus, pire. D'où le travail de l'Eglise.

Cette Eglise a besoin de nous, disions-nous, mais de nous ayant quelque chose à offrir. Le travail nous a alors été enseigné comme le moyen divin de nous tirer d'affaire. Mais du travail fait selon le modèle de Dieu : bien fait, plein de labeur, respectueux de Dieu, fait pour nous-mêmes, pour l'Eglise, le monde et les autres, accompli dans la solidarité là où c'est possible ou indispensable.

Ainsi, notre sueur nous fera mériter notre pain ; et pour toute bonne œuvre, nous ne manquerons de rien. Par nous, les gens auront reconnu Jésus et quand ils viendront, nous leur apporterons la parole de salut, la paix du cœur, le salut de leur corps. Nous aurons défié cette mise en garde de MUANDA Mikiama : « *La flamme de la solidarité s'éteint de plus en plus dans notre société et au sein de nos églises...Notre problème majeur comme berger est la carence de la mise en application de la vision et de la mission du Christ. Si nous proclamons avec ardeur et conviction les merveilles du Seigneur sur la liberté que Christ a réclamée pour les captifs, les opprimés, les affamés et les assoiffés, nous aurons ajouté un plus au combat sur la justice ...* »[7]

Terminons par dire que Jésus nous a laissé un travail, mais pas seulement. Son Esprit aussi : « *...Tout comme le père m'a envoyé, moi aussi je vous envoie. Après ces paroles, il souffla sur eux et leur dit : recevez le Saint-Esprit.*»

Qu'il souffle à nouveau sur nous pour que notre travail soit notre prière, et que notre prière soit notre travail. SALA, SAMBILA.SAMBILA, SALA[8]. Sans cela, le développement, c'est sera sine die.

Allons donc, mus par le Saint-Esprit, travailler de mieux en mieux. Notre pauvreté, et celle de nos sociétés et celle églises tomberont. Des âmes seront à Christ, du pain aux âmes. Dieu nous bénisse !

---

[7] MUANDA Mikiama F., in PV de la pastorale communautaire de l'ECC/23e CEC, Luozi, inédit, Janvier 2020, p 65.

[8] Travaillez, priez. Priez, travaillez.

Printed by Books on Demand GmbH, Norderstedt / Germany